PAQUETE DE AVENTURAS FRABOOMERANG
Los Siete Mares en la Bañera de Bernardo

PADRES - CÓMO USAR ESTE PAQUETE DE AVENTURAS

ESTABLEZCA EL TIEMPO Y UN LUGAR ESPECIAL

Las actividades del Paquete de Aventuras de Fraboomerang están diseñadas para que sean convenientes de usar con su tipo de vida activa. Planee pasar de 20 a 30 minutos con su niño cada noche. Prepare un sitio especial de aprendizaje en su casa. Asegúrese que el área incluya una mesa, sillas y suficiente luz.

Necesitará lo siguiente:

El Paquete de Aventuras Fraboomerang

El Libro de Aprendizaje de Flying Rhinoceros *Los Siete Mares en la Bañera de Bernardo*

Lápices

Lapiceros de colores o marcadores

Tijeras

ESCUCHE A SU NIÑO

Apague la televisión o la radio y préstale atención al trabajo y a las preguntas que su niño haga.

HAGA PREGUNTAS

Mantenga a su niño interesado en la actividad haciéndole preguntas que no pueden ser contestadas con un simple sí o no. Por ejemplo: "¿Cómo podemos resolver este problema?" o "¿Qué parte del cuento más te gustó?"

EXPLOREN E INVESTIGUEN

Su niño tendrá curiosidad acerca de los temas que ustedes exploren en el programa Fraboomerang. Anime a su niño a explorar e investigar. Salgan ambos de la casa. Observen los árboles y las estrellas o busquen algún insecto. Visiten la biblioteca. Saquen en préstamo un libro o una cinta de video para leer o mirar juntos.

SOBRE TODO, ¡DIVIÉRTANSE!

Muestre entusiasmo por los personajes, los cuentos y las actividades en este Paquete de Aventuras. Su niño se emocionará si usted también lo está. Dé alas a su imaginación. Anime el entusiasmo natural de su niño.

Gocen de este tiempo juntos. Incluyan a otros miembros de la familia en sus aventuras Fraboomerang.

Dirección de correo: P.O. Box 3989
Portland, Oregon
97208-3989

Dirección electrónica: bigfan@flyingrhino.com

El elefante marino sureño es enorme. ¡Los machos adultos llegan a pesar hasta 6,000 libras (2,700 kg)! ¡Son unos tipos muy pesados!

1. ¿Cuánto pesas tú? _____

2. Redondea tu peso a la decena más próxima. _____

3. ¿Cuántos cómo tú se necesitarían para igualar el peso de un elefante marino macho? _____

4. Haz una lista de los miembros de tu familia y su respectivo peso. Redondea cada peso a la decena más próxima.

5. Ahora suma el peso de todos los miembros de tu familia a tu propio peso. El peso combinado de tu familia ¿es más o menos que el peso de un elefante marino macho adulto?_____

6. ¿Cuánto más o menos?_____

REVUELTO DE MAMÍFEROS

Pon en orden estas palabras revueltas para averiguar los nombres de los mamíferos marinos.

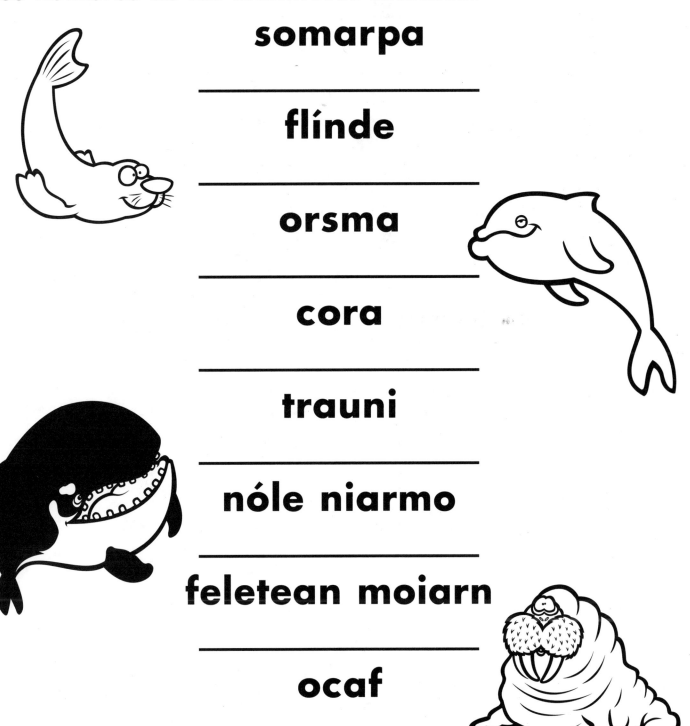

somarpa

_____

flínde

_____

orsma

_____

cora

_____

trauni

_____

nóle niarmo

_____

feletean moiarn

_____

ocaf

_____

Utiliza la cuadrícula para dibujar el pez escorpión, de cuadrado en cuadrado.

SOLUCIONES SALMÓNICAS

Lee la sección acerca de los salmones en *Los Siete Mares en la Bañera de Bernardo*. Cuando un salmón desova, deposita aproximadamente 5,000 huevos. Solamente unos pocos crecen hasta llegar a adultos y sobreviven para reproducirse. Estas probabilidades no son muy buenas. Resuelve los problemas matemáticos a continuación para tener una mejor idea de las probabilidades de supervivencia de un salmón.

1. Un salmón depositó 4,500 huevos. Solamente tres llegaron a salmones adultos. ¿Qué porcentaje de huevos sobrevivió?

2. En un arroyo, 4 salmones de cada 5,000 huevos depositados regresaron a desovar. ¿Cuántos huevos sería necesario depositar para lograr 48 salmones adultos?

Pregunta de Desafío:

Un salmón tarda seis años en regresar a su lugar de nacimiento para reproducirse. Un año, un salmón depositó 4,000 huevos. De esos huevos, tres salmones regresaron seis años después para reproducirse. Cada uno depositó 4,000 huevos y tres de cada grupo de huevos regresaron, en total nueve. ¿Cuántos años serán necesarios para que 243 salmones regresen para reproducirse? No te olvides que los salmones tardan seis años desde el momento en que depositan los huevos hasta el momento en que regresan para reproducirse.

A ver si puedes encontrar un animal en *Los Siete Mares en la Bañera de Bernardo* para cada una de las letras del abecedario. El nombre debe tener el número correcto de letras para llenar todos los espacios. Abajo tienes el ejemplo para la letra A. Para las letras I, Ñ, Q, U y X busca una palabra que contenga esas letra aunque no empiece con ella. ¡A ver cuántas palabras encuentras!

Ejemplo: Á N G E L D E M A R

B __ __ __ __ __ __ __ __

C __ __ __ __ __ __ __

D __ __ __ __ __ __ __

E __ __ __ __ __ __ __ __ __ __ __ __

F __ __ __ __

G __ __ __ __ __

H __ __ __ __ __ __

__ __ I __ __ __ __ __ __ __

J __ __ __ __ __ __ __ __

K __ __ __ __ __

L __ __ __ __

M __ __ __ __ __ __

N __ __ __ __ __ __

__ __ __ __ __ __ __ __ Ñ __

O __ __ __ __

P __ __ __ __

__ __ __ Q __ __ __ __ __ __

R __ __ __ __

S __ __ __ __ __ __ __ __ __ __ __ __

T __ __ __ __ __ __ __ __ __ __ __ __ __ __

__ __ __ U __ __ __ __

V __ __ __ __ __

__ __ X __ __ __ __ __

Y __ __ __ __ __ __ __

Z __ __ __ __ __ __ __ __ __ __ __

VELOCIDADES MARINAS

En el océano hay varias criaturas que se mueven con gran velocidad. Responde a las preguntas que hay abajo acerca de velocidades y distancias.

1. Un calamar viajó 5 millas (8 km) a una velocidad de 20 millas (32 km) por hora. ¿Cuántos minutos tardó en recorrer esa distancia?

2. Un pez volador se deslizó por encima de la superficie del agua durante 30 segundos. Llevaba una velocidad de 30 millas (48 km) por hora. ¿Durante cuántas millas se deslizó?

3. Un pez vela puede nadar a una velocidad de 60 mph (96 kph). Imagínate que un pez vela pudiera nadar a esa velocidad desde San Francisco hasta Tokio, Japón–una distancia de 5,142 millas (8,227 km). ¿Cuántos días tardaría?

4. Los animales en los problemas anteriores van a tener una carrera. El trayecto del pez vela es de 4 millas (6.4 km) de largo. El trayecto del pez volador es de 2 millas (3.2 km) de largo. El trayecto del calamar es de 1 milla (1.6 km) de largo. ¿Qué animal terminará primero si todos se mueven a la velocidad máxima de cada uno?

PECES PECULIARES

Busca la pagina en *Los Siete Mares en la Bañera de Bernardo* que contiene los cinco nombres de "peces peculiares pero reales." Selecciona uno de esos nombres e imagínate qué aspecto tendrá ese pez. Luego usa el espacio que hay abajo para hacer tu propio dibujo del pez que has escogido.

Yo escojo al pez _____.

¡Este es mi dibujo!

BÚSQUEDA SUBMARINA

A ver si encuentras las siguientes palabras escondidas en el bloque de palabras abajo.

pez rape	pez volador	medusa	pez ballesta
lobo del atlántico	ángel de mar	pez ardilla	pez sierra
navajón azul	bellena gris	manta raya	zorro ojón pequeño
dragón	pez hacha	morena	pez mariposa
lenguado	cangrejo bayoneta	pulpo	calamar

```
P I J D G U S R F P R F P S C Z K P N Á Ó P D É Z
E B P É S Á N G E L D E M A R C Ó P D E G W K W O
Z Ñ V J Á N H S B K S B K W P E Z S I E R R A H R
R I B E L L E N A G R I S F E O I A E H G N U W R
A P N I Z W T H J J H J J É Z L G Ñ U W Ó O N Q O
P P D E V Ó Y M F É M F H B H P Ó O N P H F V G O
E W K W X H I N K Y N K Y X A Z H F V E O Ó É Q J
L O B O D E L A T L Á N T I C O O O H Z R D Y B Ó
E N U W R A H V K D F K D F H H R D Y B N F S C N
N O N Q A B I A Á G C D G M A N T A R A Y A R N P
G F V G G D B J H B A H S B E J R H R L B J P X E
U O H Q Ó R N Ó J Ñ N J A K Ó F B Á W L S R É P Q
A D Y B N Y I N F I G F C D G U S R F E I O Z L U
D F S M Z K P A I P R I Z H S V É O A S H S M K E
O H R O C Ó P Z E M E D U S A N H S B T I Ó A I Ñ
S J W R W G W U W W J W X F C E I O X A T H R J O
Y P P E Z V O L A D O R B I Z W É H J J Y M I H Y
I O A N L G N U W N B W N E V I C M F Á I N P Y I
H S B A P Á O P E Z A R D I L L A N É Y E O O É E
I O X I Z H F U G F Y G H H B D L O B Á H F S D H
T H J J X O O L Q O O Q É W N Á A F K B I J A G I
Y M F H H R D P B D N B N Q F B M J D D B P H S Y
I Ñ K Y D N F O C F E C V G H D A P H R N V Ó Á I
É Ó B E J R H W Ñ H T N H Q U R R V J Y I P F C É
H F K D F B J W X J A X Y B J Y I P F K P Ñ I Z W
```

¿DE QUIÉN ES EL OCÉANO?

¿De quién es el océano? ¿Le pertenece a todo el mundo? ¿Le pertenece sólo a ciertos países? ¿Tiene un dueño único? Imagínate que se ha convocado una gran reunión para decidir a quién le pertenece el océano. Todos los que quieran compartir su opinión serán bienvenidos. Escribe qué piensas tú sobre este tema. ¿Por qué piensas de esa manera? Prepara tu declaración en las líneas de abajo. Asegúrate de exponer claramente tu opinión y de incluir las razones que la apoyan.

_____

_____

_____

_____

_____

_____

_____

_____

_____

_____

_____

¿DÓNDE ESTÁ EL PATITO DE GOMA?

Busca en las páginas de *Los Siete Mares en la Bañera de Bernardo* a ver en cuántos lugares puedes encontrar el patito de goma, el pato Beto. Escribe la descripción de dónde está Beto cuando lo encuentras. Puedes encontrarlo en 22 lugares, además de todos los patitos que hay en el arca del tesoro. Consulta el ejemplo a continuación para comenzar. Busca con atención–¡se mete en todas partes!

1. Dónde: **detrás de Bernardo y Amalia en la página de introducción**

2. Dónde: _____

3. Dónde: _____

4. Dónde: _____

5. Dónde: _____

6. Dónde: _____

7. Dónde: _____

8. Dónde: _____

9. Dónde: _____

10. Dónde: _____

11. Dónde: _____

12. Dónde: _____

13. Dónde: _____

14. Dónde: _____

15. Dónde: _____

16. Dónde: _____

17. Dónde: _____

18. Dónde: _____

19. Dónde: _____

20. Dónde: _____

21. Dónde: _____

22. Dónde: _____

CAMBIO DE SINÓNIMOS

Reemplaza las palabras subrayadas en las frases siguientes con palabras que tienen un significado similar. Escribe tu palabra nueva en la línea que hay a continuación de cada frase.

1. Era un día **<u>frío</u>** en la playa.

_____

2. Construí un **<u>gran</u>** castillo de arena. _____

3. Un perro **<u>enérgico</u>** pasó corriendo y

lo derrumbó. _____

4. ¡El perro **<u>destruyó</u>** mi castillo de arena!

_____

5. La dueña del perro era una **<u>niña</u>** de mi

edad. _____

6. Ella me ayudó a **<u>reconstruir</u>** mi castillo.

_____

7. Construimos juntos todo un **<u>pueblo</u>** de

arena. _____

8. Resultó ser un día **<u>bueno</u>**.

_____

ALETAS DE PECES

Escribe el nombre de todas las aletas del pez que hay abajo y que recuerdes. Si necesitas ayuda, consulta el dibujo del pez escorpina negro y amarillo en *Los Siete Mares en la Bañera de Bernardo.*

Colorea el pez igual que la ilustración o
selecciona tus propios colores.

BÚSQUEDA DEL TESORO EN LA CADENA ALIMENTICIA

Bernardo y Amalia han encontrado una cueva submarina y están buscando un tesoro. Pero hay todo tipo de seres marinos de por medio. Busca a un amigo o un pariente para jugar a la búsqueda del tesoro. Recorta todas las fichas que hay en la cubierta posterior de este Paquete de Aventuras. Colócalas boca abajo y mézclalas bien. Luego, coloca cada una de las fichas en cada una de las casillas del tablero de juego.

Reglas:

Este es un juego de cooperación. El objetivo del juego es abrirse camino hasta la entrada de la cueva para poder así sacar el arca del tesoro. Los jugadores tomarán turnos para darle vuelta a las piezas sobre el tablero. Hay dos arcas del tesoro en el juego. Solamente se podrá sacar un arca si queda el camino abierto hasta la entrada de la cueva. Se mueve un animal levantando la ficha y moviéndola a cualquiera de las casillas ocupadas por su presa. El animal que está en la posición superior en la cadena alimenticia se queda en la casilla a la que se movió y se quita de esa casilla su presa. Los animales solamente se pueden comer al animal que los sigue en la posición inferior en la cadena alimenticia. Las orcas sólo pueden comer tiburones, los tiburones sólo pueden comer pulpos, y así sucesivamente. Consulta el gráfico que hay abajo. Los camarones no tienen nada que comer en este juego. Simplemente estorban el camino. Los camarones no se pueden mover, solamente se los pueden comer los arenques. Recuerda, cada jugador solamente puede mover una ficha por cada turno. Un turno consiste en dar la vuelta a una de las fichas o en mover una ficha. Si tú das la vuelta a una de las arcas del tesoro, y se puede mover esa ficha, es el turno del siguiente jugador mover dicha ficha si así lo desea. ¡A ver si pueden sacar las dos arcas del tesoro de la cueva!

Cadena alimenticia:

Orca → Tiburón → Pulpo → Arenque → Camarón

Salgan de
la cueva
por aquí

15

SECRETOS DE LOS PECES

Descifra el código secreto para conocer la pregunta y la respuesta.

A	**J**	**R**
B	**K**	**S**
C	**L**	**T**
CH	**LL**	**U**
D	**M**	**V**
E	**N**	**W**
F	**Ñ**	**X**
G	**O**	**Y**
H	**P**	**Z**
I	**Q**	

PREGUNTA:

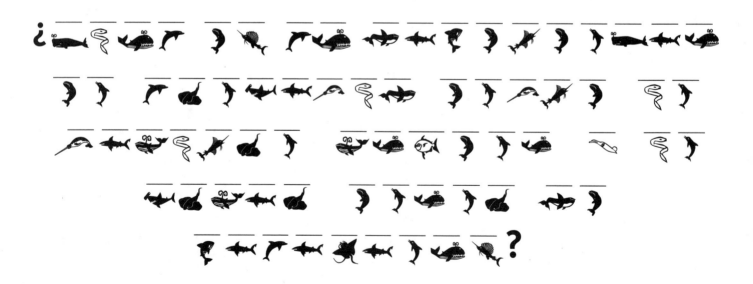

RESPUESTA:

Coloca los números que casan con las piezas de la imagen en las casillas con las letras, de modo que la imagen esté en el orden correcto. La pieza 5 ya está en su lugar correspondiente.

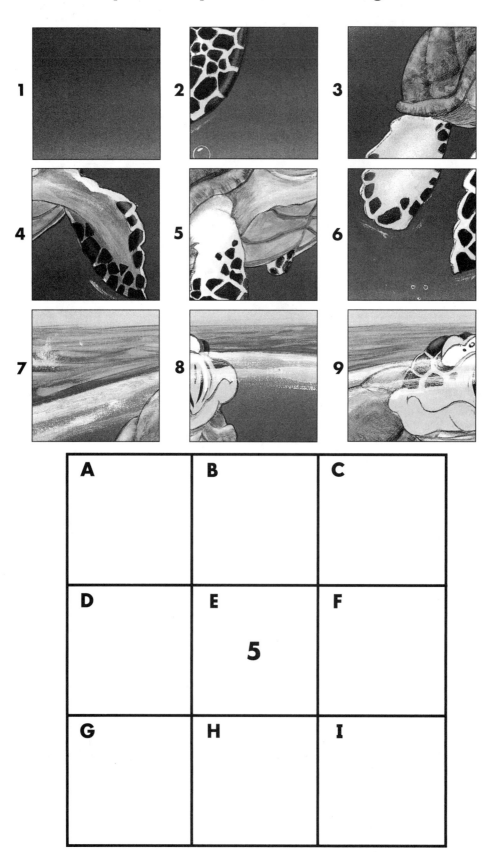

LECTURAS ABISMALES

Lee el párrafo que hay a continuación y luego responde a las preguntas acerca de los peces que viven en las profundidades y que producen luz.

En las profundidades del océano está muy oscuro. La única luz la producen los animales que viven allí. Esto se conoce como bioluminiscencia. Existen muchos tipos de peces abismales que producen luz. Tienen unos órganos especiales llamados fotóforos. Algunos peces producen su propia luz. La luz se produce cuando los elementos químicos reaccionan dentro de los fotóforos. Otros peces "toman prestada" la luz de las bacterias. Las bacterias que irradian luz viven en los fotóforos. Los científicos piensan que las luces pueden ayudar a los peces de diversas maneras. Los patrones luminosos ayudan a los peces a identificarse unos a otros y a encontrar pareja. La luz también puede ayudarles a cazar. Algunos peces, como el pez rape, tienen una especie de caña de pescar incorporada. Tienen una aleta larga con una luz en el extremo. Los peces pequeños son atraídos por la luz. Cuando se acercan, el pez rape los atrapa y los devora.

1. Si un pez produce su propia luz, ¿qué utiliza para hacerlo?

(haz un círculo alrededor de tu respuesta)

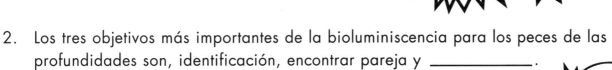

    a. Electricidad
    b. Fotóforos
    c. Fotografías
    d. Biolúmines

2. Los tres objetivos más importantes de la bioluminiscencia para los peces de las profundidades son, identificación, encontrar pareja y _____.

3. ¿En que se parece un pescador y el pez rape?

(Los dos tienen una caña para pescar)

_____

_____

4. ¿Qué título resume mejor este párrafo? (haz un círculo alrededor de tu respuesta)

    a. La luz y los peces de las profundidades
    b. Tú iluminas mi vida
    c. Cómo cazan los peces
    d. Bacterias desconcertantes

Sigue las instrucciones a continuación para crear tu propio tiburón en la página siguiente.

Paso 1:
Dibuja un círculo.

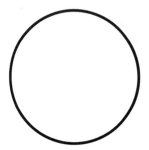

Paso 2:
Dibuja un triángulo a la derecha del círculo para formar la aleta caudal.

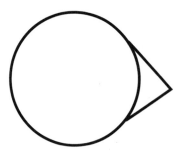

Paso 3:
Dibuja un triángulo alargado para la cola.

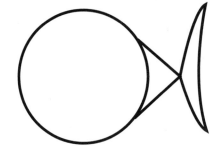

Paso 4:
Dibuja un triángulo arriba y dos abajo para crear la aleta dorsal y las pectorales. Dibuja un triángulo curvado para la mandíbula superior.

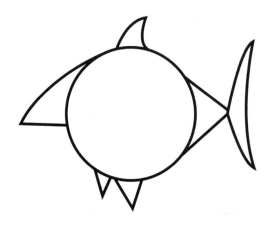

Paso 5:

Dibuja una línea ondulada para formar la boca. Ahora, un ojo y algunos dientes.

Paso 6:

Borra las líneas interiores y dibuja las agallas.

¡Dibuja aquí un banco de tiburones!

EL PEZ CAMUFLADO

Colorea este paisaje oceánico. Calca el pez que hay abajo en una hoja de papel y decide dónde lo vas a colocar en el dibujo. Colorea el pez de acuerdo con el dibujo y luego recórtalo. Coloca el pez en el dibujo. ¿Qué tal lo hiciste? ¿Puedes ver el pez si retrocedes dos pasos para mirar el dibujo? ¡A ver si alguien en tu familia puede encontrar el pez camuflado!

CÓMO CREAR TU PROPIO OCÉANO

Sigue las instrucciones a continuación para crear un océano en miniatura.

Materiales
- **Tarro (frasco) de cristal pequeño**
- **papel de lija**
- **agua**
- **colorante de alimentos azul**
- **confeti brillante**
- **Glicerina (discrecional)**
- **pistola de pegamento caliente o pegamento blanco**
- **un pez de plástico o piedras pequeñas**

- Busca un tarro (frasco) vacío. Cualquier tarro con una tapadera de rosca sirve, especialmente un tarro de mermelada o de comida para bebés. Si el tarro tiene una etiqueta, quítasela.

- Frota el interior de la tapa con un trozo de papel de lija.

- Crea un paisaje marino pegando objetos al interior de la tapa, tales como peces pequeños de plástico o piedras pequeñas. Pídele a un adulto que te ayuda con la pistola de pegamento, si tienes una. El pegamento blanco común también sirve.

- Llena el tarro con agua y ponle una gota de colorante azul al agua. Echa un poquito del confeti para representar plancton y otros seres marinos diminutos. (Consejo: Si agregas una gota de glicerina el confeti flotará. La glicerina se puede comprar en la farmacia, pero no agregues demasiada porque entonces el confeti se apelmazará.)

- Después de que se haya secado el pegamento, cierra el tarro con la tapa apretándola bien. Ten cuidado de no romper ninguna de las figuritas.

- Coloca el tarro con la tapa hacia abajo y disfruta de tu paisaje marino.

HERMOSO PERO MORTÍFERO

Dobla el dibujo por las líneas punteadas, comenzando por la derecha. Une las letras para descubrir uno de los peces más venenosos del mar.

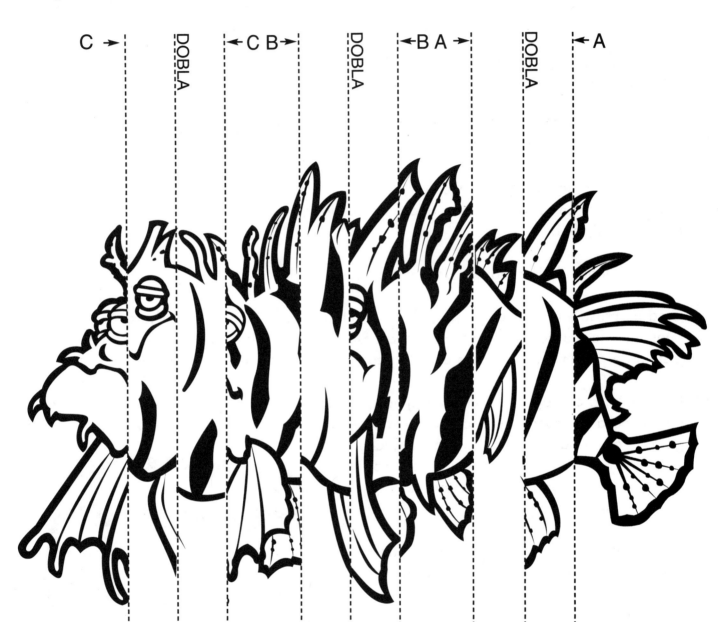

C → DOBLA ←C B→ DOBLA ←B A→ DOBLA ←A

P E Z   Z N U P A E S C X I Q W K O R P S D H T J V I Ó N

Lee con atención _Los Siete Mares en la Bañera de Bernardo_ para encontrar los animales parecidos a las siguientes descripciones.

Vivo en la Antártida, el continente helado del sur. ¡Las temperaturas bajan hasta los 70 grados Fahrenheit bajo cero (–57 grados C)! Mi pareja pone un único huevo y yo tengo que encargarme de cuidarlo. Me quedo en la nieve helada, equilibrando el huevo sobre mis patas. Lo caliento colocándolo debajo de la piel de mi estómago. No me muevo y no como. Es posible que tenga que quedarme en esta postura durante nueve semanas, hasta que se termine de empollar el huevo. ¿Quién soy?_____

Cuando nazco tengo el mismo aspecto que los demás peces, pero luego empiezo a cambiar. Me vuelvo plano y me acuesto sobre el suelo del océano. Uno de mis ojos se desvía al otro lado de la cabeza hasta que ambos ojos están en el mismo lado. Me escondo muy bien y puedo cambiar de color para esconderme entre mi entorno. ¿Quién soy?

_____

Paso mis primeros años en agua dulce. Luego nado al océano. Unos años después regreso al mismo lugar donde nací. Deposito huevos que serán fertilizados por el macho. Deposito de 4,000 a 5,000 huevos, pero sólo unos pocos llegarán a adultos y regresarán para reproducirse. ¿Quién soy?

_____

Padres de familia: Pueden usar estas páginas para practicar caligrafía y escritura regularmente con sus estudiantes. Pueden usar este espacio para crear pequeñas historias, poemas, reportes, o como un diario. Pueden usar las páginas una vez o copiar las cuantas veces lo deseen.

Recuerden, los escritores pueden usar estos cinco pasos para cualquiera de sus trabajos: pre-escribir, escribir, revisar, redactar y publicar.

1 Pre-escribir—Consulta de ideas. Decida qué quiere escribir.

2 Escribir—Primer bosquejo. Escriba sin preocuparse si comete errores.

3 Revisar—Revise y vuelva a escribir cuantas veces lo desee.

4 Redactar—Revise la ortografía, puntuación, y la estructura de sus oraciones.

5 Publicar—Comparta su trabajo. Lea en voz alta, escriba un libro, o envíe una carta.

_____

_____

_____

_____

_____

_____

_____

_____

- **Vayan a la biblioteca todas las semanas y tengan siempre una variedad de libros en casa. Den a sus hijos su propia tarjeta para la biblioteca para que puedan sacar los libros que les interesen.**

- **Hagan de la lectura una actividad diaria, divertida e importante, de modo que sus hijos deseen llegar a ser buenos lectores.**

- **Lean con sus hijos, al menos una vez al día. Cuando dedican tiempo para leer con sus hijos a diario, les hace saber a los niños que la lectura vale la pena.**

- **Realicen actividades con sus hijos que incluyan la lectura, como seguir una receta, leer las instrucciones para construir algún modelo, leer las reglas de un juego, o programar la video casetera.**

- **Ayuden a sus hijos a conseguir información cuando sientan curiosidad sobre algo.**

- **Si sus hijos se distraen, tomen un descanso. Recuerden que tienen que regresar a la lectura al día siguiente.**

- **Hagan que sus hijos participen en la lectura señalando dibujos o pidiéndoles que adivinen lo que va a ocurrir a continuación.**

- **Dejen que sus hijos los vean a ustedes leer con frecuencia. cereales de desayuno, los carteles y los menús.**

- **Regalen libros a sus hijos y anímenlos a comenzar su propia biblioteca personal.**

PÁGINA 3
REVUELTO DE MAMÍFEROS

marsopa

delfín

morsa

orca

nutria

león marino

elefante marino

foca

PÁGINA 5 SOLUCIONES SALMÓNICAS

1. $3 \div 4{,}500 = .00067$
$.00067 \times 100 = .067\%$

2. $\dfrac{4 \text{ salmones}}{5{,}000 \text{ huevos}} = \dfrac{48 \text{ salmones}}{x \text{ huevos}}$

$4x = 240{,}000$

$x = 60{,}000 \text{ huevos}$

Pregunta de Desafío:

Generación	Años	número de salmones que regresan
1	6	3
2	12	9 (3 x 3 = 9)
3	18	27 (9 x 3 = 27)
4	24	81 (27 x 3 = 81)
5	30	243 (81 x 3 = 243)

Tendrán que transcurrir 30 años para que 243 salmones regresen a reproducirse.

PÁGINA 6 ALFABETO MARINO

Bajonado

Cangrejo

Delfín

Elefante marino

Foca

Gobio

Huesos

p**I**nípedo

Jaquetón

Krill

Lapa

Morena

Nutria

ermita**Ñ**o

Orca

Pulpo

es**Q**ueleto

Rape

Salmón de Alaska

Tortuga mordedora

tib**U**rón

Vieira

o**X**ígeno

Yubarta

Zarapito real

PÁGINA 7 VELOCIDADES MARINAS

1. 5 millas (8 km) ÷ 20 millas (32 km) por hora = 0.25 horas

2. 30 millas (48 km) por hora = 30 millas ÷ 60 minutos = 1/2 milla (800 m) por minuto

   60 segundos = 1 minuto, así que - 30 segundos = 1/2 minuto

   1/2 minuto a 1/2 milla (800 m) por minuto = 1/2 x 1/2 = 1/2 milla (400 m)

3. 5,142 millas (8,227 km) ÷ 60 mph (96 kph) = 85.7 horas

   85.7 horas ÷ 24 horas por día = 3.57 días

4. <u>Pez vela:</u> 4 millas (6,4 km) ÷ 60 millas por hora (96 kph) = 1/15 hora
   1/15 hora x 60 minutos por hora = 4 minutos

   <u>Pez volador:</u> 2 millas (3,2 km) ÷ 30 millas por hora (48 kph) = 1/15 hora
   1/15 hora x 60 minutos por hora = 4 minutos

   <u>Calamar:</u> 1 milla (1.6 km) ÷ 20 millas por hora (32 kph) = 1/20 hora
   1/20 hora x 60 minutos por hora = 3 minutos

¡El calamar es el ganador!

PÁGINA 9 BÚSQUEDA SUBMARINA

```
P I J D G U S R F P R F P S C Z K P N Á Ó P D É Z
E B P É S Á N G E L D E M A R C Ó P D E G W K W O
Z Ñ V J Á N H S B K S B K W P E Z S I E R R A H R
R I B E L L E N A G R I S F E O I A E H G N U W R
A P N I Z W T H J J H J J É Z L G Ñ U W Ó O N Q O
P P D E V Ó Y M F É M F H B H P Ó O N P H F V G J
E W K W X H I N K Y N K Y X A Z H F V E O Ó É Q J
L O B O D E L A T L Á N T I C O O O H Z R D Y B Ó
E N U W R A H V K D F K D F H H R D Y B N F S C N
N O N Q A B I A Á G C D G M A N T A R A Y A R N P
G F V G G D B J H B A H S B E J R H R L B J P X E
U O H Q Ó R N Ó J Ñ N J A K Ó F B Á W L S R É P Q
A D Y B N Y I N F I G F C D G U S R F E I O Z L U
D F S M Z K P A I P R I Z H S V É O A S H S M K E
O H R O C Ó P Z E M E D U S A N H S B T I Ó A I Ñ
S J W R W G W U W W J W X F C E I O X A T H R J O
Y P P E Z V O L A D O R B I Z W É H J J Y M I H Y
I O A N L G N U W N B W N E V I C M F Á I N P Y I
H S B A P Á O P E Z A R D I L L A N É Y E O O É E
I O X I Z H F U G F Y G H H B D L O B Á H F S D H
T H J J X O O L Q O O Q É W N Á A F K B I J A G I
Y M F H H R D P B D N B N Q F B M J D D B P H S Y
I Ñ K Y D N F O C F E C V G H D A P H R N V Ó Á I
É Ó B E J R H W Ñ H T N H Q U R R V J Y I P F C É
H F K D F B J W X J A X Y B J Y Í P F K P Ñ I Z W
```

PÁGINA 11 ¿DÓNDE ESTÁ EL PATITO DE GOMA?

2. en la sombra de la puerta
3. en la bañera con Amalia y Bernardo
4. saltando fuera de la bañera
5. volando fuera de la bañera con Bernardo
6. nadando en el agua al lado de la bañera
7. en la concha marina
8. escondido con el lenguado en el fondo del océano
9. delante del lobo del atlántico
10. en las garras de un tiburón, junto al arca del tesoro
11. nadando entre el krill
12. en la aleta de una yubarta bebé
13. nadando con los peces de las profundidades
14. escondido detrás de un erizo de mar
15. escondido detrás de una planta marina cerca de una langosta australiana
16. atrapado en el tentáculo de un pulpo
17. sobre una ola, debajo del dibujo sobre las mareas
18. entre las estrellas de mar
19. sentado sobre la panza de una nutria
20. lo sujeta un somorgujo de cuello rojo y está mordiendo el anzuelo de un gran pelícano blanco
21. con una cuerda alrededor del cuerpo
22. sentado sobre el caparazón de una tortuga mordedora

PÁGINA 13 ALETAS DE PECES

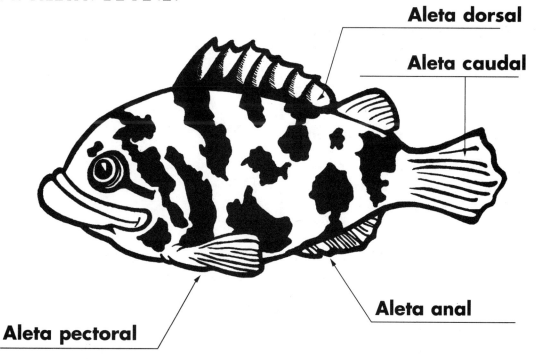

Aleta dorsal

Aleta caudal

Aleta anal

Aleta pectoral

PÁGINAS 16 Y 17
SECRETOS DE LOS PECES

¿Cuál es la diferencia en longitud entre un tiburón ballena y un gobio enano de Filipinas?

Cuarenta y nueve pies y once pulgadas y media (Dieciséis metros)

PÁGINA 18
VUELVE A COMPONER EL ANIMAL

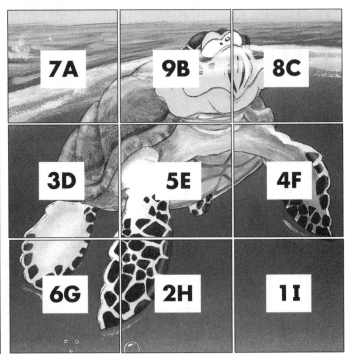

7A	9B	8C
3D	5E	4F
6G	2H	1I

PÁGINA 19 LECTURAS ABISMALES

1. **Fotóforos**

2. **Los tres objetivos más importantes de la bioluminiscencia para los peces de las profundidades son, identificación, encontrar pareja y cazar.**

3. **El pez rape tiene una aleta con una luz para atraer a otros peces y así poder atraparlos, igual que un pescador.**

4. **La luz y los peces de las profundidades**

PÁGINA 25 ¿QUIÉN SOY?

Pingüino emperador macho

Lenguado

Salmón hembra